AF235864

Psychologie im Alltag

Wie Sie mit einfacher Psychologie Selbstliebe lernen, Ihr Selbstbewusstsein stärken, positives Denken etablieren und Manipulation anderer abwehren

Sebastian Lorenz

Alle Ratschläge in diesem Buch wurden sorgfältig erwogen und geprüft. Eine Garantie kann dennoch nicht übernommen werden. Eine Haftung des Autors beziehungsweise des Verlags für jegliche Personen-, Sach- und Vermögensschäden ist daher ausgeschlossen.

INHALT

Was erwartet Sie in diesem Buch?

Die Psychologie fasziniert den Menschen schon seit Jahrhunderten und dennoch wirft unser Gehirn noch viele Fragen auf. Kaum ein Organ im menschlichen Körper ist so komplex und beeindruckend, wodurch auch die Psychologie unglaublich komplex ist. Dennoch haben die Erkenntnisse in dieser Wissenschaft ein großes Potenzial, auch Ihnen im Alltag zu helfen.

Wie genau das möglich ist, erfahren Sie in diesem Buch.

Dazu wird zu Anfang erklärt, was Psychologie ist

und wo ihr Ursprung liegt. Im Anschluss daran wird Ihnen die Geschichte und Entwicklung der Psychologie dargestellt. Dabei wird besonders auf die Forschungen von Hermann von Helmholtz und Wilhelm Wundt eingegangen, zwei Begründer der experimentellen Psychologie. Dabei wird auch auf Wundts Forschung zum Thema „Bewusstsein" eingegangen.

Des Weiteren werden bei der Entwicklung der Psychologie die Forschungen von Sigmund Freud über die drei Instanzen der Persönlichkeit und Carl Rogers zum Thema Gesprächsführung und „Encountern" vorgestellt.

Zum Ende gibt es dann einen kurzen Einblick in die moderne Psychologie an dem Beispiel der Depression.

Im weiteren Verlauf lernen Sie dann, was die Psychosomatik erforscht und welche Auswirkungen Stress hat. Sie erfahren zudem, wie Sie mit Stress umgehen können.

Zum Schluss dieses hauptsächlich theoretischen Teils wird auf den Einfluss von Hormonen eingegangen und die Entwicklung der Persönlichkeit mithilfe des Fünf-Faktoren-Modells thematisiert.

Der folgende, praktische Teil dieses Ratgebers konzentriert sich dann darauf, wie Sie dieses Wissen aus der Psychologie im Alltag nutzen können. Sie kriegen hier Tipps, wie Sie in nur 8 Schritten Persönlichkeitsstrukturen ändern können. Zusätzlich wird an dem Beispiel von Coca-Cola die Manipulation durch Medien verdeutlicht. Im Anschluss daran werden Ihnen fünf Verhaltensweisen erklärt, mit denen Sie Manipulatoren erkennen und vermeiden, dass sie Ihnen schaden.

Zum Ende des Buches gebe ich Ihnen noch einige Tipps, wie Sie es nachhaltig schaffen, selbstbewusster zu werden und positiver zu denken, um mit schwierigen Situationen gesünder umzugehen und so ein glücklicheres Leben nach Ihren Vorstellungen leben zu können.

Grundlagen der Psychologie

WAS IST PSYCHOLOGIE?

Das Wort „Psychologie" bedeutet Lehre der Seele und stammt von den griechischen Wörtern „Psyche" (Seele) und „Logos" (Lehre). Der Begriff wurde erstmals 1575 von dem deutschen Philosophen Johann Thomas Freigius verwendet.

Ab dem neunzehnten Jahrhundert wurde die Psychologie erstmals als Wissenschaft anerkannt. Die Psychologie ist zugleich Natur-, Geistes- und Sozialwissenschaft und fasziniert Menschen schon seit Jahrhunderten. Sie wird in die wissenschaftliche, empirische und in die Alltagspsychologie eingeteilt.

Als Alltagspsychologie wird Wissen bezeichnet, dass durch Erfahrungen gesammelt wurde. Häufig wird dieses Wissen durch den Glauben, Traditionen und Intuitionen geprägt und als „gesunder Menschenverstand" betitelt.

Die wissenschaftliche, empirische Psychologie überprüft systematisch durch Experimente Hypothesen. Die empirische Psychologie ist in viele Forschungsgebiete unterteilt, besonders interessant für alltägliche Probleme ist die Verhaltenspsychologie, Kommunikationspsychologie und Psychoanalyse.

DIE GESCHICHTE DER PSYCHOLOGIE

Ähnlich wie bei anderen Bewegungen und Wissenschaften ist auch bei der Psychologie ein Anfang schwer zu datieren. Die Psychologie ist seit dem 19. Jahrhundert eine anerkannte Wissenschaft, doch schon zuvor wurde versucht, die menschliche Psyche zu verstehen.

Ein möglicher Anfang der Psychologie könnte ca. 2500 Jahre zurückliegen. Zu dieser Zeit lehrte Siddhartha Gautama, auch bekannt als Buddha. Sein Ziel war zwar nicht das Aufstellen einer psychologischen

Theorie und die empirische Überprüfung durch Experimente, dennoch versuchte er, den Geist zu erforschen und zu schulen. Dies tat er hauptsächlich, um praktische Wege zu finden, sich von seinem Leiden zu befreien, Leid zu vermeiden und den Sinn im Leben zu erkennen.

Buddhas Lehre konzentrierte sich dabei nicht nur auf zukünftiges Leid, sondern suchte auch nach der Ursache von Problemen und bot Hilfestellungen, um besser mit leidvollen Erfahrungen und negativen Gefühlen umgehen zu können.

Alle Lehren richteten sich nach dem Grundsatz, dass alles, auch wir Menschen, Teil eines größeren Ganzen sind, auch, wenn wir nicht in der Lage sind, dies zu sehen.

Dazu enthielt seine Lehre mehrere Schritte.

Zunächst war es wichtig, sich selbst und seinen Geist in der Phase der Erkenntnis kennenzulernen und anschließend in der zweiten Phase den Geist zu formen. Ziel des Formens war es, den Geist zu zähmen, zu zügeln und zu optimieren, um Selbstbeherrschung und Selbstführung zu erlernen. Hierzu benötigte es viel Praxis und Bemühungen, um eigene Impulse wahrzunehmen und achtsam auf sie zu reagieren und nicht jedem emotionalen und körperlichen Drang nachzugeben.

All das war wichtig, um in der dritten Phase den Geist befreien zu können und zu lernen, diskursives Denken zu kontrollieren, beispielsweise indem Sie lernen, es temporär abschalten zu können.

Diese 3 Phasen halfen Menschen viele Jahrhunderte lang, mit Leid umzugehen. Auch heute noch benutzen Buddhisten seine Lehren als Führung.

In den Jahren danach haben immer wieder Menschen über die Seele nachgedacht. Besonders die Griechen, wie zum Beispiel Platon, haben viele Schriften zu ihr verfasst und sich mit dem Zusammenhang zwischen Körper und Seele auseinandergesetzt.

Allerdings sind diese Schriften oft klar der Philosophie zuzuordnen. So philosophierte Platon über die Verbindung von Körper und Geist, untersuchte allerdings keine biochemischen Vorgänge.

Trotz des anhaltenden Interesses blieb es eine lange Zeit still in der Psychologie, bis sie dann im 19. Jahrhundert erneut aufblühte und zu einer Wissenschaft anerkannt wurde. Schon da wurde die Komplexität dieses Fachgebiets und ihr Platz in sowohl den Geistes- und Sozialwissenschaften als auch in der Naturwissenschaft deutlich.

Zu dieser Zeit lebte Hermann von Helmholtz (1821

– 1894), ein deutscher Physiologe und Physiker. In seiner Doktorarbeit zeigte er, dass Nervenzellen ihren Ursprung in den Ganglienzellen besitzen, und leistet so einen wichtigen Beitrag zur Wissenschaft. Ganglienzellen sind besonders wichtig für die visuelle Wahrnehmung.

Zusätzlich gelten er, Gustav Theodor Fechner und Wilhelm Wundt als die Begründer der experimentellen Psychologie, welche heute einen sehr wichtigen Teil der psychologischen Forschung darstellt.

Gustav Theodor Fechner (1801 – 1887) war sowohl Mediziner als auch Physiker und Naturphilosoph und Begründer der Psychophysik. Die Psychophysik gilt als eine der ältesten Fachgebiete der Psychologie und befasst sich hauptsächlich mit den Wechselwirkungen zwischen Erfahrungen, Reizen und neuronalen Prozessen.

Wilhelm Wundt (1882 – 1920) war ein Physiologe, Psychologe und Philosoph und gründete das erste Institut für experimentelle Psychologie in Leipzig. Seine Forschungsgebiete waren sehr umfangreich. So beschäftigte er sich zum Beispiel mit Sinnesempfindungen und der Physiologie hinter Gefühlen, aber auch mit Aufmerksamkeit und Bewusstsein.

Eine bedeutende Rolle spielt in Wundts

Forschungen der Begriff „Apperzeption", welcher eine bewusste Wahrnehmung eines Erlebnisses oder Gedankens beschreibt.

Wundt hat bei der Apperzeption zwischen aktiver, willkürlicher, passiver und unvorbereiteter Apperzeption unterschieden. Heutzutage wird der Begriff Apperzeption oft mit Kognition gleichgesetzt.

Zur gleichen Zeit forschte Sigmund Freud (1856 – 1939), ein Arzt, Tiefenpsychologe, Neurophysiologe und Begründer der Psychoanalyse. Seine Theorien und Methoden finden bis heute Anwendung, sind aber auch stark diskutiert und kritisiert.

Freunds berühmteste Arbeit ist sein „Strukturmodell der Psyche", in dem die menschliche Psyche in drei Instanzen beschrieben wird: das „Es", das „Ich", das „Über-Ich".

Das „Es" beschreibt unbewusste Strukturen. Zu diesen gehören zum einen Triebe, wie zum Beispiel Sexual- und Nahrungstrieb und Bedürfnisse, wie zum Beispiel das Geltungsbedürfnis. Auch Affekte wie Neid, Vertrauen und Hass sind Bestandteile des „Es".

Das „Es" strebt nach Befriedigung eines Strebens, oft bezeichnet als „Lustprinzip". All dies prägt und steuert das menschliche Handeln, ohne dass es wahrgenommen wird.

Strukturen des „Es" werden angeboren, können allerdings durch die Reaktion der Umwelt, zum Beispiel der Eltern, beeinflusst und gestärkt werden.

Als „Ich"-Instanz wird von Freud das bewusste Denken im Alltag beschrieben. Zu dieser Instanz zählen vor allem Wahrnehmung, Denken und das Gedächtnis, aber auch das Selbstbild eines Menschen.

Das „Ich" bildet sich ab dem Moment, in dem sich ein Mensch fragt, wer er ist und was er kann. Letzteres geschieht oft schon einige Monate nach der Geburt.

Durch das „Ich" wird im Laufe der Charakterentwicklung entschieden, wie wir uns selbst sehen, wovor wir uns fürchten, was wir uns erhoffen und was wir uns selbst zutrauen.

Das „Über-Ich" bezeichnet den Teil der Psyche, in dem soziale Normen, Moral, Werte und das Gewissen angesiedelt sind. Dieser Teil der Psyche wird hauptsächlich durch die Gesellschaft, in der ein Mensch aufwächst, und die Eltern geprägt.

Das „Über-Ich" hat die Möglichkeit das „Es" zu kontrollieren und Triebe zu zügeln, ist aber auch der Grund, dass Menschen sich vergleichen und ein bestimmtes Ideal anstreben. Somit bildet es die Grundlage für Minderwertigkeits- und Schuldgefühle. Mit diesem Strukturell der Psyche und mit anderen

Theorien hat es Freud so geschafft, zu einem der bekanntesten Köpfe in der Psychologie zu zählen.

Mitte des 20. Jahrhunderts hat sich dann Carl Rogers (1902 – 1987) im Besonderen mit der Gesprächsführung in Therapie und Beratung befasst. Zusätzlich hat er großen Einfluss durch seine Arbeit im Bereich der Selbstverwirklichung und Selbstentwicklung gewonnen. Viele seiner Überlegungen sind heutzutage Grundlage für Lehren in der Sozial-, Erziehungs- und Kommunikationswissenschaft und auch für die Psychologie entscheidend.

Für ihn selbst spielte Humanismus eine zentrale Rolle, da der Humanismus und die Überzeugung, dass jeder Mensch im Wesentlichen gut ist, ein wichtiges Fundament bilden. Dieses Fundament bildet die Möglichkeit für Menschen, sich selbst zu helfen und so an sich selbst zu wachsen und individuelle Probleme im Leben bewältigen zu können.

Auch der Begriff „Selbstkonzept" spielt besonders bei der Benennung der individuellen Probleme eine übergeordnete Rolle.

Das Konzept kann zum einen positiv, aber auch negativ sein, abhängig ist dies von den persönlichen Erfahrungen und dem daraus resultierenden Verhalten.

Es ist also nicht nur entscheidend, das Problem zu erkennen, sondern auch die Perspektive durch das Problem und den Einfluss der Wahrnehmung des Problems auf das Problem.

Zusätzlich zu seiner Arbeit in der Selbstentwicklung sind auch seine Überlegungen in der Gesprächsführung heute noch aktuell und oft genutzt.

So hat Rogers beispielsweise den Begriff „Encountern" geprägt, welcher einen Ansatz in der Psychologie beschreibt, bei dem gegenseitige Wertschätzung im Vordergrund steht. Empathie spielt hier eine entscheidende Rolle.

Zusammenfassend war Rogers Hauptziel bei dem „Encountern", dass der Psychologe versucht, den Klienten auf einer Ebene zu begegnen, ohne sich zu distanzieren oder von Gefühlen zu lösen. So habe der Psychologe die Möglichkeit, seinen Klienten wirklich zu verstehen.

Auch im 21. Jahrhundert ist die Psychologie noch ein interessantes Fachgebiet, welches viele Menschen begeistert. Diese moderne Psychologie zeichnet sich besonders dahin gehend aus, dass sie sich zu einer hauptsächlich empirischen Wissenschaft entwickelt hat. Das bedeutet, dass Hypothesen aufgestellt und mit Experimenten überprüft werden, wie es auch in der

Chemie und Biologie üblich ist. Erkenntnisse aus der Genetik, Neurophysiologie und Chemie werden zudem verstärkt einbezogen. Gut zu sehen ist dies am Beispiel der Depression.

Bei diesem verbreiteten Krankheitsbild spielen nicht nur Faktoren in der Entwicklung und Persönlichkeit eine Rolle, sondern auch eine genetische Veranlagung oder eine Stoffwechsel- oder Funktionsstörung im Gehirn. So hat zum Beispiel ein Kind, dessen Elternteil an Depressionen leidet, eine Chance von 15 %, auch an Depressionen zu erkranken. Bei eineiigen Zwillingen ist das Risiko oft noch höher.

Unter Stoffwechselstörungen im Gehirn versteht man oft eine gestörte Neurotransmitterausschüttung. Neurotransmitter sind Botenstoffe, welche die Signalweiterleitung ermöglichen. Störungen in der Transmitterausschüttung haben oft auch Störungen in der Hormonproduktion zur Folge. Eine inadäquate Hormonausschüttung kann deswegen der Grund für eine psychologische Störung sein.

An Depression leidende Menschen haben oft eine niedrigere Konzentration von Noradrenalin, Serotonin und Dopamin.

Besonders Serotonin, auch als „Glückshormon" bezeichnet, und Dopamin sorgen für positive

Gefühlserlebnisse. Sind diese Hormone nur in sehr geringen Konzentrationen vorhanden, bleiben diese positiven Gefühle aus, was dann zu einer Depression führen kann. An diesem Beispiel lässt sich gut die Komplexität psychologischer Krankheitsbilder und der Psychologie selbst erkennen.

Zusätzlich zu den Vorgehensweisen haben sich auch die technischen Möglichkeiten verändert. So werden heute fMRT und andere Methoden genutzt, um das Hirn abzubilden und zu sehen, welcher Gehirnbereich in einem exakten Moment besonders genutzt wird.

Dies ist hauptsächlich für die Medizin entscheidend, doch auch der Psychologie eröffnen sich dadurch viele Möglichkeiten, da man so Zusammenhänge zwischen psychischen Krankheiten und den Strukturen im Körper finden kann. Die Wechselwirkungen zwischen Psyche und Körper werden besonders in der psychosomatischen & somato-psychologischen Forschung erkundet.

ERKENNTNISSE DER PSYCHOSOMATIK

Die Psychosomatik hat ihren Ursprung vor etwa 400 Jahren zeitgleich mit den Anfängen der Medizin. Die Kernfrage der Psychosomatik, wie die Psyche den Körper beeinflusst, oft bezeichnet als „Leib-Seele-Problem", beschäftigte allerdings schon die griechischen Philosophen der Antike.

Im 11. Jahrhundert diagnostizierte der persische Arzt und Naturwissenschaftler Avicenna erstmals psychische Gründe für die körperlichen Beschwerden seines Patienten und somit eine psychosomatische Krankheit.

Besonders Georg Ernst Stahl (1659 – 1734), ein Chemiker und Mediziner, prägte die Psychosomatik im großen Stil. Er bezeichnete die Seele als „Anima", welche für ihn den Grund jeder Veränderung im Körper darstellte. Die „Anima" ist durch den Blutkreislauf mit dem Körper verbunden. Er vertrat die Hypothese, eine Loslösung der Seele habe den Tod zur Folge.

Fieber beschrieb er als Möglichkeit der Seele Schadstoffe zu entfernen. Er entdeckte zudem, dass Fieber eine Abwehrreaktion des Körpers auf Infektionen ist.

Das Wort „Psychosomatik" wurde 1818 von Johann Christian August Heinroth (1773 – 1843), einem Arzt und Psychiater, geprägt.

In der Psychosomatik gibt es viele Krankheitsbilder. So ist zum Beispiel die Ursache für Depressionen, eine somato-psychologische Erkrankung, da der Körper hier die Seele beeinflusst. Depressionen können allerdings auch psychosomatische Erkrankungen auslösen. Die Symptome sind häufig ähnlich wie die des „Crushing"-Symptoms. Die Betroffenen verlieren Mineralien in den Knochen, werden fettleibig und besitzen eine stärkere Blutgerinnung. Dies kann der Grund für Herzkreislauferkrankungen sein.

Ein anderes, noch bekannteres Beispiel ist die Wirkung von Stress auf den Körper. Stress hatte bei unseren Vorfahren die Aufgabe, ihre Aufmerksamkeit zu steigern und ihren Körper leistungsstärker zu machen, indem bestimmte Hormone ausgeschüttet werden, wie zum Beispiel Adrenalin. Diese Hormone erhöhen dann den Herzschlag, Blutdruck und den Blutzuckerspiegel.

Bei Stress wird zwischen Eustress, gutem Stress, und Disstress, schlechtem Stress, unterschieden.

Unabhängig von der Art des Stresses schadet er auf Dauer dem Körper, falls keine Entspannung erfolgt. Erste Anzeichen, dass Stress den Körper belastet, sind Verspannungen, die dann zu Nacken- und Rückenschmerzen führen. Auch das Verdauungssystem reagiert empfindlich auf zu viel Stress. Die Folge sind verschiedene Magen-Darm-Beschwerden wie Magenschmerzen, Blähungen und Verdauungsstörungen. Zusätzlich können Depressionen und Essstörungen den Körper belasten.

Bei chronischem Stress können Herzkreislauferkrankungen, Nierenerkrankungen und Stoffwechselstörungen entstehen.

Hinzu kommt ein im Allgemeinen schwächeres Immunsystems, was Infektionskrankheiten deutlich schwieriger bekämpfen kann.

An diesem Beispiel von dem Einfluss von Stress auf den Körper sieht man eindeutig, dass die Psyche einen wichtigen Teil der Gesundheit darstellt und ein psychologisches Problem schwerwiegende Folgen für den Körper haben kann. Aus diesem Grund ist es wichtig, dass nicht nur auf eine körperliche Gesundheit geachtet wird, sondern auch auf eine mentale.

Aus diesen Gründen ist es von großer Bedeutung, Methoden zu entwickeln, Stress zu vermeiden und sich in stressigen Situationen zu entspannen.

Das perfekte Heilmittel gegen Stress ist dabei sehr individuell. Wichtig ist es zunächst, die Stressquelle zu finden. Diese kann beispielsweise ein bestimmtes Ereignis sein, der Beruf oder ein Problem mit einem geliebten Mitmenschen. In der modernen Gesellschaft ist besonders der enorme Leistungsdruck ein populärer Stressfaktor.

Haben Sie Ihre individuellen Stressfaktoren gefunden, können Sie gegen sie vorgehen. Sofortige Hilfe verschafft es häufig, sich hinzusetzen und eine Zeit lang nichts zu tun oder eine Weile zu schlafen. Bei einem kurzen Nickerchen muss allerdings auf die Länge geachtet werden. Nach etwa 20 Minuten kann man im REM-Zyklus landen, das bedeutet, Sie wachen müde wieder auf. Deswegen sollte das Nickerchen entweder 20 Minuten dauern oder 90 Minuten. Nach 90 Minuten ist ein Schlafzyklus vorbei und Sie wachen mit viel Energie auf.

Bei anhaltenden Stressfaktoren helfen oft andere Methoden, wie zum Beispiel Yoga. Auch ein anderes Work-out kann gegen den Stress helfen. Emotionalen Stress kann man beispielsweise gut beim Joggen oder Spazieren abbauen.

Für andere Menschen ist es wichtiger, den Stress kreativ zu verarbeiten. Sie können dafür anfangen, zu zeichnen oder Geschichten zu schreiben. Das Eintauchen in eine andere Welt gibt dem Kopf eine kleine

Pause von den Problemen des Alltags.

Um Stress im Voraus zu vermeiden, ist ein gutes Zeitmanagement wichtig. Eine Routine kann helfen Entspannungsphasen zu planen und die Arbeit sinnvoll aufzuteilen. Eine To-do-Liste kann helfen, den Überblick über die Arbeit zu behalten. Zudem sehen Sie so auch, was Sie schon geschafft haben.

DER EINFLUSS VON HORMONEN AUF DIE PSYCHE

Hormone sind biochemische Botenstoffe, die hauptsächlich dazu genutzt werden, Stoffwechselprozesse zu regulieren. Sie arbeiten sehr spezifisch und wirken nur in ihrem spezifischen Zielorgan. Ein wichtiger Vorgang, bei dem Hormone eine wichtige Rolle spielen, ist der Menstruationszyklus. Hier spielen besonders die Hormone GnRH, FSH, Progesteron und Östrogen eine wichtige Rolle. Eine Störung des Hormonhaushalts kann verschiedene Folgen habe. Abhängig ist dies von dem spezifischen Hormon.

Dass das Fehlen von Hormonen einen Einfluss auf die Psyche hat, wurde schon bei dem Thema Depressionen deutlich. Adrenalin, Noradrenalin und Kortisol sorgen für Stressreaktionen.

Im Kontrast dazu gibt es allerdings auch viele Hormone, die positiv auf die Psyche wirken.

Serotonin ist oft als das „Glückshormon" bekannt. Es sorgt im Körper für ein Gefühl von innerer Ruhe und Zufriedenheit und hemmt so Angstzustände, Depressionen und Aggression, aber auch das Hungergefühl. Dazu stimuliert das „Glückshormon" bestimmte Areale der Großhirnrinde. Zu hohe Mengen Serotonin können zu Halluzinationen führen. Zu geringe Konzentrationen von Serotonin sorgen im Gegensatz dazu häufig für impulsives und aggressives Verhalten. Die Vorstufe des Serotonins – Tryptophan – wird oft in Form von Schokolade und Bananen konsumiert.

Ein anderes „Glückshormon" wäre das Dopamin, eine Vorstufe des Noradrenalins. Dopamin erzeugt „Belohnungseffekte" und wirkt motivations- und antriebssteigernd. Die Wirkung ist in der Regel langfristiger als beim Serotonin. Es spielt eine wichtige Rolle bei der Kommunikation der Nervenzellen.

Häufig wird bei Parkinson-Patienten ein Mangel an Dopamin festgestellt. Die Patienten leiden dann an Muskelstarre, Zittern und verlangsamten Bewegungen.

Bei Menschen mit Schizophrenie wird hingegen oft eine hohe Dopaminkonzentration in bestimmten

Hirnarealen festgestellt. Andere Hormone, die positive Folgen auf den Körper haben, wären beispielsweise Oxytocin oder Endorphine. Hormone können dementsprechend sowohl negative als auch positive Effekte im Körper haben.

Entwicklung der Persönlichkeit

Die Entwicklung der Persönlichkeit beschreibt die langfristige Veränderung von Charakter- oder Persönlichkeitseigenschaften und ist Teil der entwicklungspsychologischen Forschung oder der Persönlichkeitstheorie.

Die zentralen Fragen in dieser Forschung sind vor allem, warum sich Menschen ändern und warum sie scheinbar dennoch gleich bleiben. Im Gegensatz zu der ursprünglichen Theorie, dass die Persönlichkeitsentwicklung nur im Kindesalter stattfindet, haben Studien bewiesen, dass sich die Persönlichkeit auch noch im hohen Alter verändern kann.

Ein sehr verbreitetes Modell, um die Persönlichkeit von Jugendlichen und Erwachsenen zu skalieren, ist das Fünf-Faktoren-Modell. Es analysiert Personen in Bezug auf fünf Hauptdimensionen der Persönlichkeit.

Die erste Persönlichkeitsdimension ist „Offenheit für Erfahrungen". Eine Person mit hohen Werten in diesem Bereich beschreibt sich häufig als wissbegierig, experimentierfreudig, kreativ und fantasievoll.

Sie verhalten sich häufig unkonventionell, probieren neue Vorgehensweisen aus und sind im Allgemeinen eher dazu bereit, konventionelle Werte zu überdenken. Neuartigen Werten im Bereich Moral und Ethik gegenüber sind sie offen.

Personen mit niedrigen Werten in Bezug auf diesem Faktor neigen hingegen häufig zu konservativem Verhalten und bevorzugen Bekanntes.

Der zweite Faktor ist Gewissenhaftigkeit, welcher hauptsächlich auf Zielstrebigkeit und Selbstkontrolle abzielt. Personen mit einem hohen Wert sind häufig zuverlässiger, organisierter und überlegter, wohingegen ein niedriger Wert oft mit Spontaneität und Ungenauigkeit einhergeht.

Extraversion, der dritte Faktor, beschreibt das

zwischenmenschliche Verhalten und die Aktivität. Ein hoher Wert spricht für eine gesellige, herzliche und optimistische Person, während ein niedriger Wert oft bei Personen vorkommt, die gern allein sind und eher zurückgezogen.

Die vierte Persönlichkeitsdimension wird Verträglichkeit genannt. Personen mit einem hohen Wert sind häufig verständnisvoll, mitfühlend und Vertrauen schneller. Sie helfen gern und sind überzeugt davon, dass andere Menschen das auch tun. Menschen mit hohen Werten zeichnen sich im Besonderen durch ihren Altruismus aus.

Im Gegensatz dazu sprechen niedrige Werte für eine egozentrische Person, die anderen Mitmenschen gegenüber misstrauisch ist. Sie sind oft kompetitiv, statt kooperativ.

Der letzte Faktor „Neurotizismus" beschreibt hauptsächlich die emotionale Stabilität beziehungsweise Labilität.

Hohe Werte erhalten oft Personen, die ängstlich, nervös, unsicher oder traurig sind und diese Emotionen auch lange empfinden. Sie reagieren schlecht auf stressige Situationen, verlieren sich in unrealistischen Ideen und sorgen sich übermäßig um ihre Gesundheit.

Personen mit niedrigem Wert sind ruhiger und

zufriedener. Sie erscheinen rundum stabiler und entspannter und erleben seltener negative Gefühle.

Ein niedriger Wert spricht allerdings nicht dafür, dass die Person mehr positive Gefühlswerte erlebt.

Die fünf Persönlichkeitsdimensionen sind dabei zu 42 bis 57 % erblich bedingt, dennoch spielt auch das Umfeld eine wichtige Rolle.

Die Werte werden durch einen Fragebogen bestimmt. Sie sind ab dem 30. Lebensjahr oft stabil und werden danach häufig nur noch von persönlichen Ereignissen geändert.

Das Fünf-Faktoren-Modell ist nur eine Möglichkeit, Persönlichkeitsstrukturen zu analysieren. Mittlerweile gibt es noch viele andere. Besonders bekannt sind auch die von Carl Rogers und Sigmund Freud.

WAS PRÄGT DIE PERSÖNLICHKEIT?

Es ist noch nicht viel darüber bekannt, inwiefern bestimmte genetische Anlagen oder bestimmte Ereignisse die Persönlichkeit eines Menschen prägen. Bekannt ist, dass genetische Anlagen und das Umfeld eine entscheidende Rolle spielen. Um herauszufinden, was die menschliche Persönlichkeit beeinflusst, greifen Forscher der Verhaltensforschung zu dem Fünf-Faktoren-Modell und zu Zwillingsstudien. Bei der Zwillingsforschung werden eineiige oder zweieiige Zwillinge beobachtet und verglichen. Dabei werden genetische Unterschiede untersucht, aber auch Unterschiede im Umfeld und so Schlüsse über ein bestimmtes Merkmal getroffen.

Arthur Jensen (1923 – 2012) konzentrierte sich bei seiner Forschung besonders auf das Merkmal Intelligenz. Er war ein starker Vertreter der Meinung, dass Intelligenz zu einem erheblichen Teil vererbbar sei. Heute ist klar, dass Intelligenz 50 bis 80 % erblich bedingt ist.

Jensen entdeckte beispielsweise, dass die Intelligenz von eineiigen Zwillingen öfter den gleichen Wert hat als bei zweieiigen Zwillingen. Dabei ist es unwichtig, ob die eineiigen Zwillinge zusammen aufwachsen oder getrennt voneinander. Zudem wurde durch Jensens Forschung deutlich, dass der IQ von zweieiigen Zwillingen von der Geschlechterverteilung beeinflusst wird. Haben beide Zwillinge das gleiche Geschlecht, so ist die Ähnlichkeit des IQs höher.

Diese Ergebnisse zeigen eindeutig, dass genetische Anlagen eine Auswirkung auf die Intelligenz haben.

Allerdings wurde in Jensens Studien auch

deutlich, dass die Umwelt nicht unerheblich für die Intelligenz ist. Sie zeigten, dass der IQ von Adoptivkindern und Pflegeeltern eine gewisse Ähnlichkeit aufweist. Zudem ist der IQ von zusammenlebenden Geschwistern ähnlicher als bei getrennt lebenden Geschwistern. Der gleiche Effekt ist auch bei Zwillingen zu beobachten.

Es wird also deutlich, dass sowohl die äußeren Einflüsse als auch die Genetik die Persönlichkeit prägen.

Allerdings kann der Begriff „äußere Einflüsse" viel umfassen. Als äußere Einflüsse werden unter anderem die Erziehung und das soziale Umfeld bezeichnet. Dass die Erziehung einen Menschen prägt, ist verständlich. Besonders in den ersten Jahren der Kindheit wird die Persönlichkeit geformt. In diesen Lebensjahren sind besonders die Eltern, aber auch andere Familienmitglieder und Bezugspersonen ein wichtiger Bezugspunkt. Kinder orientieren sich hier oft an ihren Eltern, wodurch ähnliche Verhaltensmuster entstehen können.

Mit steigendem Alter prägen zunehmend Lebenserfahrungen die Persönlichkeit. Diese Lebenserfahrungen können in Bezug auf die Familie sein, aber auch in Bezug auf Schule, Beruf und soziale Kontakte.

Besonders die Schule ist ein wichtiger Bestandteil der Persönlichkeitsentwicklung bei Jugendlichen, da sie einen großen Teil der Woche dort verbringen und dort auch viele ihrer sozialen Kontakte treffen.

Zusätzlich spielen Traumata eine wichtige Rolle bei der Entwicklung der Persönlichkeit.

WIE KÖNNEN SIE DIESES WISSEN NUTZEN?

Die Psychologie ist unglaublich wertvoll. Die Studien, die in ihrem Namen durchgeführt wurden, begeistern Menschen. Sie sind daher von ungemeinem Nutzen. Die Erkenntnisse der Psychosomatik helfen beispielsweise Medizinern, mehr Menschen helfen zu können und ihnen die richtige Behandlung zu ermöglichen. Das Wissen aus der Verhaltensgenetik hilft Wissenschaftlern, die Bedeutung der Vererbung zu erkennen.

Sie wissen nun, welche großen Personen die Psychologie geprägt haben. Zudem zeigen Ihnen die Erkenntnisse aus der Psychosomatik, wie wichtig es ist, auch in stressigen Zeiten Pausen zu machen und die Folgen von chronischem Stress.

Sie kennen nun die Bedeutung von Hormonen im Körper und wissen, was sie als Mensch prägt und beeinflusst.

Doch auch Sie profitieren von diesem Wissen, auch wenn Sie kein Mediziner oder Wissenschaftler sind. Die Psychologie erklärt Ihnen nicht nur, wer Sie sind und warum Sie so sind, sie gibt Ihnen auch die Möglichkeit, an sich selbst zu arbeiten. Dadurch haben Sie die Chance, Ihre Persönlichkeitsstrukturen zu ändern, Manipulationen zu erkennen und selbstbewusster zu werden, um das zu erreichen, was Sie erreichen möchten. Es kann Ihnen zudem helfen, positiver zu denken, um glücklicher und ausgeglichener durchs Leben gehen zu können.

Wie Sie all dies erreichen können, erfahren Sie auf den restlichen Seiten dieses Ratgebers.

8 SCHRITTE, UM PERSÖNLICH-KEITSSTRUKTUREN ZU ÄNDERN

1. Finden Sie heraus, welche Persönlichkeitsstrukturen Sie ausmachen

Um Persönlichkeitsstrukturen zu ändern, sollten Sie zunächst herausfinden, was Sie ausmacht. Einige Charaktereigenschaften kommen Ihnen da vielleicht direkt in den Sinn, dennoch ist es oft schwer, seine Stärken und Schwächen richtig einzuschätzen. Wie schwierig, merkt man beispielsweise bei der Vorbereitung auf ein Bewerbungsgespräch.

Es gibt jedoch einige Möglichkeiten, wie Sie Ihre Persönlichkeit analysieren und definieren können. Sie können Freunde und Familienmitglieder fragen, was sie für Ihre Stärken und Schwächen halten.

Um jedoch ein möglichst objektives Bild zu erhalten, ist ein Persönlichkeitstest eine gute Alternative, insbesondere, da es viele verschiedene Tests gibt.

Eine große Menge an Tests kann man online durchführen. Auch von dem zuvor erklärten Fünf-Faktoren-Modell gibt es gekürzte Tests online, die Ihnen helfen können, Ihre Persönlichkeit zu analysieren.

Zu empfehlen ist der Test von 16Personalities. Unterschieden wird hier zwischen Analysten, Diplomaten, Wachen und Forschern. Jedes dieser Persönlichkeitsprofile ist noch einmal in vier Persönlichkeiten unterteilt. Sie erfahren so, was Sie ausmacht und warum Sie sich so verhalten, wie Sie es tun.

Der Test dauert 10 bis 15 Minuten und ist kostenlos online zu bearbeiten.

Allerdings muss bei jedem Test beachtet werden, dass die menschliche Persönlichkeit äußerst komplex ist und nicht zu 100 % durch 10, 30 oder 100 Fragen entschlüsselt werden kann. Die Tests geben dennoch einen guten Überblick und zeigen Ihnen vielleicht doch die eine oder andere neue Seite von Ihnen.

2. Finden Sie heraus, warum Sie sich ändern möchten

Bevor Sie anfangen, Persönlichkeitsstrukturen zu ändern, sollten Sie überlegen, warum Sie sich ändern möchten. Es gibt viele Gründe, sich ändern zu wollen, aber nicht alle helfen Ihnen, Ihre Ziele zu erreichen. Wichtig ist vor allem, dass Sie sich ändern, weil Sie sich weiterentwickeln möchten und nicht, weil eine andere Person es von Ihnen erwartet. Sich zu ändern, ist eine persönliche Entscheidung und kann auch nur dann funktionieren. Drängt Sie eine Person zu einer Veränderung, ist die Wahrscheinlichkeit, dass Sie etwas langfristig ändern geringer, als wenn Sie sich selbst entscheiden.

Personen, die von Ihnen erwarten, sich gegen Ihren Willen zu ändern, werden auch, nachdem sie sich geändert haben, etwas an Ihnen finden, dass sie stört.

Es ist daher wichtig, dass Sie Ihre eigenen Ziele definieren. Achten Sie darauf, sich darauf zu konzentrieren, wohin Sie möchten, und nicht nur auf das, was Sie jetzt stört.

Anstatt zu sagen „Ich möchte nicht mehr so faul sein", könnten Sie sich das Ziel setzen, aktiver zu sein oder Ihre Leidenschaft zu finden, um wieder einen höheren Tatendrang zu entwickeln. Dieser kleine Unterschied in der Formulierung kann Ihnen helfen, da durch die negative Formulierung Frust und Unzufriedenheit hervorgerufen werden können. Dies kann für manche Menschen motivierend und erfolgsfördernd sein, für andere ist es allerdings demotivierend und hindert sie, ihre Ziele zu erreichen.

Es ist daher wichtig herauszufinden, zu welcher Gruppe Menschen Sie gehören, umso Ziele und Formulierungen zu finden, die Sie motivieren, der Mensch zu werden, der Sie sein möchten.

3. Setzen Sie sich konkrete Ziele

Wenn man etwas ändern möchte, möchte man dies am liebsten sofort. Oft setzt man sich dadurch zu hohe Ziele. Das beste Beispiel dafür ist eine Diät. Anstatt eine Ernährungsumstellung in kleinen Schritten zu starten, greifen viele Personen oft zu einer restriktiven Diät, also einer Ernährungsform, bei der bestimmte Lebensmittel oder Nährstoffquellen aus dem Speiseplan gestrichen werden. Beispiele dafür wären die vegane Ernährung oder Keto. Diese verbreiteten Ernährungskonzepte sind an sich sinnige und gute Ernährungsformen, stellen aber für jemanden, dem es schwerfällt, sich selbst zu zügeln, nicht die beste Option dar. Setzen

Sie sich daher konkrete Ziele und schreiben Sie diese auf.

Ein Beispiel dafür wäre: „Ich möchte in 30 Tagen eine Routine geschaffen haben, die es mir ermöglicht, weniger gestresst und dafür produktiver zu sein."

Dieses Ziel schreiben Sie dann auf einen Zettel an Ihr zukünftiges Ich. 30 Tage später lesen Sie dann den Zettel. So sehen Sie Ihre Fortschritte und werden motiviert, weiterzumachen.

Sie können auch Intervalle von 7 oder 14 Tagen nutzen oder verschiedene Zwischenschritte zum Ziel.

Das bedeutet, anstelle der ganzen Routine in 30 Tagen könnten Sie sich darauf konzentrieren, 14 Tage eine gute Morgenroutine für sich zu entwickeln. Wenn Sie diese Morgenroutine haben, können Sie überlegen, ob Ihnen das reicht oder Sie vielleicht noch eine für den Abend haben möchten.

4. Fehler gibt es nicht!

Fehler sind menschlich und ein wichtiger Teil des Lernprozesses. Es ist keine Schande, wenn Sie Ihre täglichen Ziele einmal nicht erreichen. Das gehört dazu. Konzentrieren Sie sich deshalb auf die Erfolge. Wenn Sie 6 Tage lang Ihre Ziele erreicht haben und dann am Sonntag einen kleinen Ausrutscher hatten, haben sie trotzdem 6 Tage lang Ihr Ziel erreicht. Versuchen Sie sich dann wieder auf Ihr Ziel zu fokussieren und machen Sie weiter. Kleine Rückschritte bedeuten nicht, dass das Ziel zu hoch gesetzt ist oder Sie nicht in der Lage sind, Ihr Ziel zu erreichen.

Sie zeigen nur, dass es nicht leicht ist. Lassen Sie sich daher nicht von ihnen aufhalten und machen Sie sich keine Vorwürfe. Wenn diese schwierige Phase überstanden ist, werden Sie noch stärker aus diesem Fehler hervorgehen.

Zusätzlich werden Sie selbstbewusster, weil Sie sehen, was Sie wirklich können und wie stark Sie sind.

Vergessen Sie trotzdem nicht, sich Fehler einzugestehen, nur so lernen Sie daraus. Deswegen ist es wichtig, die Balance zwischen Anerkennung des Fehlers und Anerkennung des Erfolgs zu finden.

5. Probieren Sie verschiedene Sachen aus

Wenn wir uns fragen, warum es so schwer ist, sich zu ändern, fällt den meisten Personen ein bestimmtes Wort ein: Bequemlichkeit. Es ist einfacher, sich nicht mit seinen Problemen auseinanderzusetzen und nicht an seinen Schwächen zu arbeiten. Zudem denken viele, sie wären zu alt, um sich zu ändern. Doch das ist nicht richtig. Natürlich ist es schwieriger, sich zu ändern, wenn man älter ist, aber es ist nicht unmöglich.

Ein wichtiger Schritt, um sich zu ändern, ist es,

Neues auszuprobieren. Sie könnten beispielsweise eine neue Routine ausprobieren oder etwas neues Erleben, indem Sie ein neues Hobby ausprobieren oder einen anderen Teil der Umgebung entdecken. Erlebnisse prägen die Persönlichkeit, besonders neue Erlebnisse. Nehmen Sie sich daher die Zeit und erleben Sie etwas Neues. Das kann etwas Kleines sein, wie einen fremden See oder Wald zu besuchen, oder auch eine Reise. Vielleicht wollten Sie schon seitdem Sie ein Kind waren Bogenschießen oder Geocachen gehen. Es ist nur wichtig, dass es neu ist oder zumindest kein regelmäßiger Bestandteil Ihrer Routine.

Sie stoßen möglicherweise auf unbekannte Talente und lernen neue Menschen kennen, was es einfacher macht, sich zu ändern und Veränderungen als etwas Gutes anzusehen. Treten Sie bei diesen Ereignissen auch aus Ihrer Komfortzone heraus. Das kann Ihnen helfen, selbstbewusster und zufriedener mit sich selbst zu werden.

6. Sie sind nicht allein!

Sich und seine Verhaltensmuster zu ändern, ist schwer. Suchen Sie sich deshalb Hilfe. Das kann zum Beispiel ein geliebter Mensch oder Freund sein, der Sie unterstützt und an sie glaubt. Diese Unterstützung hilft Ihnen dabei, Ihre Ziele zu erreichen, indem die Person

Sie motivieren und Ihnen in schwierigen Zeiten helfen kann, nicht aufzugeben. Zudem sind Sie motivierter, wenn jemand, der Ihnen viel bedeutet, von Ihren Zielen weiß, weil Sie seine oder ihre Erwartungen erfüllen wollen, auch, wenn die Person eigentlich keine hat und sie bedingungslos unterstützt.

Noch hilfreicher ist es allerdings, sich Verbündete zu suchen, also Menschen, die das gleiche Ziel wie Sie verfolgen. So können Sie sich mit anderen über das Thema austauschen und sich gegenseitig Tipps geben. Sie helfen damit sich selbst und den anderen Personen.

Diese Art der Hilfe ist insbesondere in schwierigen Zeiten wichtig, denn jemand, der das gleiche Ziel hat, stößt oft auf dieselben Probleme. Diese Person versteht Sie und kann Ihnen erzählen, wie er oder sie die Situation überstanden hat.

Achten Sie allerdings darauf, dass Sie sich nicht zu stark vergleichen. Jeder erreicht sein Ziel in einem anderen Tempo, das bedeutet trotzdem nicht, dass Ihre Ziele nichts wert sind oder dass Sie nicht genug für Ihr Ziel tun. Sie müssen Ihr eigenes Tempo finden, um nachhaltig an sich zu arbeiten.

Zusätzlich zu Verbündeten und den Halt von geliebten Menschen gibt es viele Workshops, an denen Sie teilnehmen können. So erhalten Sie Hilfe von einem Fachmann und lernen Methoden, um Ihr Ziel zu erreichen. Das kann den Weg erleichtern. Zudem lernen Sie einige theoretische Ansätze, die Ihnen helfen können.

7. Lernen Sie, sich selbst zu lieben

Dieser Punkt ist vermutlich der Wichtigste. Nichts ist wichtiger, als sich selbst lieben zu lernen und dies bedingungslos und ohne Einschränkungen. Selbstliebe bedeutet nicht, dass Sie egoistisch und narzisstisch werden sollen, sondern dass Sie lernen, sich selbst und Ihre Fehler zu akzeptieren. Die Gründe, warum Selbstliebe so schwer ist, sind vielfältig und noch nicht eindeutig definiert. In vielen Fällen spielen der soziale Leistungsdruck und das stetige Vergleichen im Beruf und auch im sozialen Umfeld eine Rolle. Im Beruf wird es erwartet, immer der oder die Beste zu sein oder zumindest bestmöglich. Durch diesen Leistungsdruck entwickeln sich schnell Minderwertigkeitsgefühle.

Selbstliebe ist mit diesen Gefühlen nicht möglich. Dennoch ist sie wichtig und kann erlernt werden. Wenn Sie diese psychologische Komponente nicht verändern, werden Sie immer unzufrieden mit sich selbst sein, unabhängig davon, ob Sie an sich gearbeitet haben oder nicht. Wichtig ist es, hierfür gesunde Routinen und Verhaltensweisen zu trainieren. Die wichtigsten 10 sind:

1. Vergleichen Sie sich nicht mit anderen.

2. Denken Sie positiv, auch wenn Sie Fehler machen.

3. Setzen Sie sich Ziele.

4. Belohnen Sie Erfolge.

5. Entschuldigen Sie sich nicht für die Person, die Sie sind, sondern nur für unangebrachte Taten.

6. Seien Sie dankbar für die Sachen, die Sie haben. Der Besitz von anderen macht Ihren nicht weniger wertvoll.

7. Lassen Sie Sachen los, die Sie nicht kontrollieren können. Vertrauen Sie darauf, dass alles einen Grund hat.

8. Verbringen Sie mehr Zeit mit geliebten Menschen, die Sie auch lieben und Ihnen guttun.

9. Sprechen Sie nicht schlecht über sich.

10. Lernen Sie, „Ja" zu sagen, um Neues zu entdecken. Trauen Sie sich aber auch, „Nein" zu sagen, wenn Ihnen etwas nicht guttut und Sie unglücklich macht.

8. Veränderungen sind natürlich

Unser Umfeld ändert sich in jeder Sekunde, auch unser Körper verändert sich stetig, indem Zellen absterben und neue gebildet werden.

Alles um uns herum ändert sich und dennoch

lösen Veränderungen in Menschen oft Angst aus. Es ist jedoch nicht die Veränderung, die der wahre Grund für die Angst ist, sondern die Angst davor, neuen Umständen und Situationen nicht gewachsen zu sein.

Diese Angst ist verständlich, aber unbegründet und hilft nicht, sich vor Veränderungen zu schützen. Menschen und ihre näheren Vorfahren, wie der Homo erectus, zeichnen sich durch ihre enorme Anpassungsfähigkeit aus. Das sieht man zum Beispiel daran, dass der Mensch fast auf dem gesamten Globus beheimatet ist. Diese Anpassungsfähigkeit und die menschliche Intelligenz helfen dabei, auf Veränderungen zu reagieren, unabhängig davon, welche Veränderungen das sind. Sie werden sie meistern, wenn Sie die Ruhe bewahren und über eine Lösung nachdenken. Jeden Tag reagieren Menschen auf Veränderungen und auch Sie können ohne Angst auf Veränderungen zugehen. Vielleicht gibt es sogar Veränderungen, die Ihnen guttun und die Ihnen helfen können, wie zum Beispiel ein neuer Job.

Die Akzeptanz von Veränderungen ist besonders wichtig, wenn Sie sich selbst ändern möchten. Nur so werden Sie sich nachhaltig ändern, um glücklicher und zufriedener mit sich zu werden.

MANIPULATIONEN ERKENNEN

Kommunikation ist ein wichtiger Bestandteil des menschlichen Lebens und von großem Nutzen. Sie hilft, viele Probleme zu lösen und Gefühle und Ansichten mit anderen zu teilen. Die internationale Kommunikation ist zu einer der größten Errungenschaften der Menschheit geworden.

Dennoch bietet Kommunikation auch die Möglichkeit der Manipulation und diese Möglichkeit wird sehr häufig genutzt. Das deutlichste Beispiel ist hier die Werbung. Hier werden verschiedene Manipulationsmethoden genutzt, um Konsumenten anzusprechen und zum Kauf von einem Produkt zu überzeugen. Besonders die Farbwahl eines Produktes ist entscheidend. Am Beispiel von Coca-Cola kann man diesen Effekt gut beobachten: Für ihre Produkte wurden die Farben Rot und Weiß ausgewählt. Rot symbolisiert „Achtung" oder „Vorsicht". Diesen Effekt kennt man aus dem Straßenverkehr, bei einem roten Stoppschild oder einer roten Ampel. Dadurch werden Sie bei einem roten Produkt aufmerksamer sein als bei einem grauen oder lilafarbenen. Weiß steht hingegen allgemein für etwas Unschuldiges oder Reines. Dies löst bei Ihnen unbewusst ein Vertrauen in das Produkt aus. Durch diese Wahl der Farben werden Sie unbewusst auf das Produkt aufmerksam gemacht. Wenn Sie dann in einem Geschäft vor diesem Produkt stehen, erinnern Sie sich an die Werbung und sind eher dazu bereit, es auszuprobieren. Durch diese kleinen Tricks steigt der Umsatz der Unternehmen weiter an.

Doch auch in Ihrem sozialen Umfeld sind Sie vor Manipulationen nicht sicher. Sogenannte Manipulatoren versuchen, durch geschickte Tricks und Verhaltensweisen einen Vorteil aus Ihrer Gutmütigkeit zu ziehen. Damit Sie sich in Zukunft vor Manipulationen schützen können, gibt es hier einige Tipps.

Erkennen Sie Manipulatoren

Um gegen einen Manipulator vorgehen zu können, müssen Sie ihn oder sie zunächst als Manipulator identifizieren. Diese lassen sich durch verschiedene Verhaltensmuster erkennen. Im Folgenden werden Ihnen fünf Verhaltensweisen und Charakterzüge aufgezeigt, durch die Sie Manipulatoren eindeutig identifizieren.

Der offene Lügner

Manipulatoren sind begabte Lügner. Sie lügen oft über Ereignisse, die nie passiert sind, um dadurch Mitleid bei Ihnen auszulösen. Sie wirken durch ihre Lügen wie aufrichtige und offene Menschen, wodurch Sie dazu verleitet werden, dem Manipulator zu vertrauen. Er oder sie nutzt dieses Vertrauen dann, um Informationen über Sie zu sammeln.

Kommunikationen mit diesem Manipulator können manchmal wie ein Interview wirken. Der Manipulator benötigt die Informationen, um Sie gezielter manipulieren zu können. Dies ist nur möglich, wenn er oder sie Ihre Schwächen und wunden Punkte kennt. Er selbst fällt dadurch auf, seine oder ihre Schwächen nicht preiszugeben.

Sollten Sie bemerken, dass dies auf Ihren Gesprächspartner zutrifft, sollten sie vorsichtig mit Informationen umgehen. Geben Sie Ihre Schwächen nur preis, wenn Sie sich sicher sind, dass Sie Ihrem Gegenüber vertrauen können. Um herauszufinden, ob es sich wirklich um einen Manipulator handelt, können Sie Gegenfragen stellen, um zu verhindern, dass das Gespräch einseitig wird. Im besten Fall fühlt sich der Manipulator dadurch eingeschüchtert oder entdeckt. Ein aufrichtiger Mensch wird Ihnen auf Ihre Gegenfragen ehrlich antworten und Ihr Interesse zu schätzen wissen.

Achten Sie zudem auf Anzeichen von Nervosität und fragen Sie nach Details, wenn Sie eine Geschichte nicht glauben. Manipulatoren geraten so in eine unschöne Lage und müssen sich so preisgeben.

Der Charmeur

Nicht jede charmante Person ist automatisch ein Manipulator. Dennoch kann übertriebener Charme ein Warnsignal sein. Achten Sie insbesondere darauf, wann die Person ihren Charme einsetzt, um so unterscheiden zu können, ob es ein Teil der Persönlichkeit ist oder genutzt wird, um Sie auszunutzen. Ein gutes Indiz für letzteres ist, wenn die Person besonders charmant ist, wenn er oder sie etwas von Ihnen möchte. Der Manipulator wird Ihnen in diesen Momenten Komplimente machen, um so einen Vorteil aus Ihnen ziehen zu können. Beobachten Sie daher genau das Verhalten der Person. Lassen Sie sich nicht von dem Charme des Manipulators blenden und trauen Sie sich auch einmal „Nein" zu sagen, wenn Sie sich bei dem Gefallen, um den er oder sie Sie bittet, unwohl und ausgenutzt fühlen. Ein Manipulator wird sich, wenn Sie nicht mitspielen, ein neues Opfer suchen. Der Charme der Person wird dann nachlassen.

Schuldgefühle als mächtigste Waffe

Manipulatoren haben viele Talente. Abgesehen von ihrem Charme und ihrem Händchen dafür, Schwächen schnell zu erkennen, haben sie die Fähigkeit, Ihnen

Schuldgefühle einzureden, ohne dass Sie dies merken. Um den Manipulator zu identifizieren, müssen Sie Ihre eigenen Gefühle analysieren. Wie fühlen Sie sich in der Nähe dieser Person? Haben Sie oft Schuldgefühle? Haben Sie oft das Bedürfnis, sich entschuldigen zu müssen? Haben Sie in seiner oder ihrer Nähe oft ein schlechtes Gewissen? Können Sie diese Fragen alle mit „Ja" beantworten, könnte ein Manipulator der Grund sein. Er oder sie zeichnet sich zusätzlich dadurch aus, dass er oder sie eigene Fehler nur schwer akzeptieren und sehen kann. Der Manipulator sucht den Fehler bei Ihnen und versucht, Sie dazu zu bringen, dass Sie ebenfalls das Problem bei sich sehen. Diese manipulative Person wird sich nie als Problem sehen, sondern Ihnen ein schlechtes Gewissen machen. Dieses schlechte Gewissen eröffnet für ihn oder sie viele Möglichkeiten. Dadurch, dass Sie sich schuldig fühlen, möchten Sie Ihren Fehler wieder gut machen. Darauf möchte der Manipulator hinaus. Er oder sie möchte, dass Sie sich so schuldig fühlen, dass Sie um Wiedergutmachung bitten. Der Manipulator bekommt so, was er möchte: Kontrolle. Während Sie sich schlecht fühlen, hat er oder sie die perfekte Möglichkeit geschaffen, Sie auszunutzen.

Sollten Sie in so eine Situation geraten, ist es

wichtig, dass Sie die Situation rational überdenken. Finden Sie heraus, wer der Grund für die Umstände ist und lassen Sie sich nicht direkt in die Täterrolle drängen. Werden Sie sich bewusst, dass in den meisten Fällen beide Parteien an dem Konflikt schuld sind. Sprechen Sie Ihre Gefühle aus. Es kann zudem helfen, einer anderen Person von dem Konflikt zu erzählen. Jemand, der nicht an der Situation beteiligt ist, guckt objektiver darauf und kann Ihnen einen Rat geben.

Fehlender Respekt

Eine respektvolle Unterhaltung und Beziehung zwischen zwei Menschen zeichnet sich dadurch aus, dass sie zwanglos und ohne Druck ist. Manipulatoren neigen stattdessen dazu, emotionalen Druck auf ihre Opfer auszuüben. Sie nutzen dafür die Gefühle, die eine andere Person für sie hat, und nutzen sie durch emotionale Erpressung gezielt gegen Sie. Manipulatoren drohen Ihnen, um Sie zu kontrollieren. Er oder sie stellt eindeutige Erwartungen an Sie. Sätze, wie „Wenn du das nicht tust, dann passiert das", nutzen Manipulatoren, um Sie gefügig zu machen. Sie drohen Ihnen beispielsweise, auf Distanz zu gehen, wenn Sie sich nicht wie gewünscht oder erwartet verhalten. Die höchste Priorität des Manipulators ist die Befriedigung der eigenen Bedürfnisse. Finden Sie sich in einer Beziehung wieder, bei der diese Verhaltensmuster zu erkennen sind, ist es wichtig, dass Sie sich selbst treu bleiben. Lassen Sie nicht zu, dass Sie emotional abhängig von dieser Person werden. Drohungen sind kein Fundament für eine Beziehung. Auch, wenn Ihr Gegenüber nicht aktiv versuchen sollte, Sie zu manipulieren, ist dies trotzdem eine toxische Beziehung, von der Sie sich fernhalten sollten.

Beeinflussung Ihrer Entscheidungen
Manipulatoren beeinflussen nicht nur Ihr Verhalten, sondern auch Ihre Entscheidungen. Oft fällt diese Manipulation nicht auf. Kleine Entscheidungen treffen wir oft, ohne lange darüber nachzudenken. Sie sind schon fast unbewusst. Deswegen fällt es schwerer, diese Art der Manipulation zu bemerken. Überlegen Sie daher bei jeder Entscheidung, warum Sie die Wahl treffen. Treffen Sie diese Wahl, weil Sie das Gefühl haben, Sie müssten sie wegen jemand anderem treffen oder treffen Sie sie, weil Sie das möchten? Beeinflusst Sie bei der Entscheidung eine bestimmte Person? Dies können Anzeichen für einen Manipulator sein.

Konzentrieren Sie sich darauf, Ihre Entscheidungen ohne den Druck anderer zu treffen. Niemand hat das Recht, Entscheidungen über Ihren Kopf hinweg zu treffen. Lassen Sie sich nicht einschränken oder unter

Druck setzen. Wenn Sie sich sicher sind, sollten Sie Ihre Meinung durchsetzen. Versuchen Sie zudem, Entscheidungen möglichst reflektiert zu betrachten. Vertrauen Sie darauf, dass Sie wissen, was gut für Sie ist.

Durch diese fünf Tipps können Sie einen Manipulator klar erkennen und wissen nun auch, wie Sie sich gegen ihn oder sie durchsetzen können. Manipulatoren nutzen aktiv gute Menschen für ihren eigenen Vorteil aus. Der beste Schutz dagegen ist, dass Sie auf sich selbst hören und versuchen, sich nicht von anderen beeinflussen zu lassen. Sie wissen, was für Sie das Beste ist. Geben Sie daher Manipulatoren keine Macht über Sie und achten Sie gut auf das Verhalten einer anderen Person. Oft verraten sich Manipulatoren selbst und entfernen sich, wenn sie merken, dass sie Sie nicht beeinflussen können.

SELBSTBEWUSSTER WERDEN

Was ist Selbstbewusstsein?

Selbstbewusstsein hat zwei Grundpfeiler, zum einen beschreibt es das Wissen darüber, wer man ist, zum anderen aber auch die Anerkennung des eigenen Wertes. Selbstbewusstsein wird oft fälschlicherweise mit Arroganz gleichgesetzt. Selbstbewusstsein spielt zwar eine Rolle bei Arroganz, allerdings gehört zu Arroganz auch, dass sich die Person über andere Personen stellt. Dies hat nichts mehr mit Selbstbewusstsein zu tun. Arrogante Menschen versuchen, jedes Gespräch auf sich zu lenken und sich selbst so in den Vordergrund zu stellen. Sie sind der Meinung, sie können alles und haben zudem nur die richtigen Meinungen. Fehler machen sie ihrer Meinung nach nicht und Schuld haben in ihren Augen meistens andere. Arrogante Personen halten sich für etwas Besseres und scheuen sich nicht, das zu zeigen.

Im Gegensatz dazu wissen selbstbewusste Menschen, dass sie genauso wie jeder andere Mensch Fehler machen und Macken haben. Sie sind offen für andere Meinungen und bereichern durch ihre Meinungen ein Gespräch, statt es auf sich zu lenken.

Warum ist es so schwer, selbstbewusst zu werden?

Fast jeder Mensch, der sich nicht als selbstbewusst beschreiben würde, war schon einmal in einer Situation, in der er sich gewünscht hat, selbstbewusster zu sein oder es ihm oder ihr geholfen hätte, selbstbewusster zu sein. Der Wunsch, selbstbewusst zu werden, ist bei vielen Menschen da und trotzdem fällt es vielen Personen schwer, selbstbewusst zu sein. Oft sind unsere eigenen Vorstellungen das Problem. Wir leben in einer Gesellschaft, in der immer das Optimum angestrebt wird. Alles muss perfekt sein und selbst das Perfekte muss noch besser werden. Unsere Vorstellungen rutschen durch diese Denkweise häufig aus dem realen Bereich.

Wir entwickeln Erwartungen an uns selbst, die wir nie erfüllen können. Das Streben nach dem Optimum sorgt für Selbstzweifel. Diese Selbstzweifel werden dadurch verstärkt, dass wir uns täglich mit anderen vergleichen und von anderen verglichen werden. Dies beginnt schon in der Schulzeit. Hier werden Kinder durch Tests und mündliche Noten miteinander verglichen. Die Selbstzweifel können schon da ihren Ursprung haben. Auch im Beruf wird man verglichen. Es ist ein fester Bestandteil unserer Gesellschaft und dennoch kann es das Fundament von Selbstzweifeln sein.

Auch das soziale Umfeld kann einen negativen Einfluss auf Ihr Selbstwertgefühl haben. Besonders Bezugspersonen haben in der Kindheit einen großen Einfluss auf das menschliche Verhalten und können dadurch auch einen großen Schaden anrichten. Wenn diese Bezugsperson dem Kind das Gefühl gibt, nicht genug oder nichts wert zu sein, wird dieses Kind diese Denkweise mit großer Wahrscheinlichkeit ebenfalls entwickeln.

Wo hilft es Ihnen, selbstbewusster zu sein?

Warum ist es so wichtig, selbstbewusst zu sein? Diese Frage ist einfach zu beantworten: Selbstbewusstsein hilft Ihnen in sehr vielen Situationen des Lebens. Es kann Ihnen helfen, Entscheidungen zu treffen, die für Sie und Ihre mentale und körperliche Gesundheit gut sind. Dies ist erst möglich, wenn Sie Ihren eigenen Wert erkennen, anstatt stetig zu versuchen, anderen zu gefallen oder Ihre Meinung nicht zu sagen. Durch ein gesundes Selbstbewusstsein sehen Sie, dass Ihre Meinung zählt, aber auch die der anderen. So entwickeln Sie sich zu einer Person, die besser mit anderen kommunizieren kann. Diese Fähigkeit kann Ihnen sowohl im Berufsleben als auch in Beziehungen helfen. Sie werden sich durch ein gesundes Selbstbewusstsein stärker fühlen und mit dieser Stärke die Menschen um

Sie herum inspirieren. Zudem werden Sie dadurch glücklicher werden, da Sie lernen, weniger kritisch mit sich selbst zu sein und Fehler, die sie machen, zu akzeptieren. Dadurch werden Sie positiver und optimistischer und können auf schwierige Situationen besser reagieren.

Wie können Sie selbstbewusst werden?

Ein gesundes Selbstbewusstsein zu entwickeln, geht oft leichter, als es erscheint. Dazu stelle ich Ihnen im Folgenden 7 Tipps vor.

Status quo

Um selbstbewusster zu werden, ist es wichtig, dass Sie herausfinden, wer Sie sind. Es ist auch hier wichtig, Ihre Stärken und Schwächen zu kennen, aber auch noch andere Dinge müssen Sie wissen, um ein gesundes Selbstbewusstsein aufzubauen.

Finden Sie heraus, wofür Sie dankbar sind. Das können Ihre Familie sein, Ihre Freunde, Ihr Partner beziehungsweise Partnerin oder auch Ihre Kinder. Viel zu selten sagen wir unseren Mitmenschen, wie dankbar wir sind. Nutzen Sie die Möglichkeit, um Ihren Liebsten zu zeigen, was Sie für sie empfinden. Denken Sie zudem darüber nach, was Sie stolz macht und welche Ziele Sie schon erreicht haben. Dies wird Sie glücklich machen und Sie fangen schon da an, Ihren Wert zu erkennen. Wenn Sie sehen, was Sie schon alles erreicht haben, sehen Sie auch, wie stark Sie wirklich sind. Dieser Schritt soll Ihnen dabei helfen.

Haben Sie vielleicht einen Job, der Ihnen gefällt, oder helfen Sie Menschen in Ihrem Beruf? Haben Sie vielleicht Kinder? Haben Sie Ihren Schul- oder Studienabschluss? Leben Sie in einer schönen Wohnung oder einem schönen Haus? All dies sind Dinge, auf die Sie stolz sein können. Jeder Erfolg, jedes kleine Ziel, dass Sie erreicht haben, ist ein Grund, um stolz auf sich zu sein.

Sind Sie momentan glücklich?
Um selbstbewusst werden zu können, müssen Sie herausfinden, was Sie momentan stört. Sind Sie zum jetzigen Zeitpunkt glücklich? Machen Sie Ihren Job gern? Wenn Sie diese Fragen oder eine von ihnen mit „Nein" beantworten können, ist es wichtig herauszufinden, was es ist, was Sie wirklich stört. Nur, wenn Sie den Ursprung Ihrer Unzufriedenheit kennen, können Sie etwas dagegen tun. Sollte Ihnen der Job Probleme bereiten, könnte es hilfreich sein, den Job zu wechseln oder einen neuen Arbeitgeber zu finden. Fragen Sie sich auch, ob Sie mit Ihrem sozialen Umfeld glücklich sind. Ist Ihr Partner oder Ihre Partnerin wirklich gut

für Sie oder fühlt sich die Beziehung mittlerweile an wie ein zweiter Job?

Kommunizieren Sie in diesem Fall mit Ihrem Partner und erklären Sie, wie Sie sich fühlen. Machen Sie Ihrem Partner oder Ihrer Partnerin deutlich, dass Sie auf Ihre Gefühle achten müssen. Das macht Sie nicht egoistisch. So wie Ihr Partner haben Sie auch das Recht, gut behandelt zu werden.

Wenn Sie keinen Partner und keine Partnerin haben, überlegen Sie, ob Sie das Single-Leben glücklicher macht oder ob Sie sich jemanden an Ihrer Seite wünschen.

Denken Sie auch über Ihre Freizeitgestaltung nach. Erfüllt Sie Ihr Hobby noch? Haben Sie Hobbys?

Dieser Schritt hilft Ihnen herauszufinden, was Sie wirklich belastet und was Sie gern ändern würden. Durch ein gesundes Selbstbewusstsein können Sie diese Probleme erkennen und lösen. Sie lernen, mehr auf sich selbst zu achten und zu erkennen, was nicht gut für Sie ist.

Finden Sie Ihre Leidenschaft

Es hat einen unheimlichen Wert, seine Leidenschaft zu kennen. Sie kann dem Leben einen anderen Wert geben. Fragen Sie sich daher, was Sie gern tun, ohne dass man Sie daran erinnern muss. Dies kann ein Hobby sein, ein interessantes Thema oder eine Aktivität. Ihre Leidenschaft sollte zudem etwas sein, wobei Sie sich wohlfühlen. Es sollte Sie glücklich machen. Auch ein persönliches Interesse ist sehr wichtig und das Interesse, mit anderen über diese Leidenschaft zu reden. Treffen all diese Punkte zu, so ist dies vermutlich Ihre Leidenschaft. Ihre Leidenschaft kann Ihnen in schwierigen und stressigen Zeiten helfen, wieder glücklich zu werden. Sie hilft Ihnen zusätzlich, selbstbewusster zu sein. Erfolge im Bereich Ihrer Leidenschaft werden Sie glücklich machen und Ihr Selbstwertgefühl steigern.

Kleine Übungen können eine große Wirkung haben
Es gibt viele kleine Veränderungen, die Ihnen helfen können, selbstbewusster zu werden oder selbstbewusster zu wirken. Zu Anfang kann es hilfreich sein, Ihre Körperhaltung zu verbessern. Wenn Sie sich gerade hinstellen und Ihre Arme nicht verschränken, wirken Sie automatisch selbstbewusster. Sollten Sie in einer bestimmten Situation nervös sein, kann es hilfreich sein, wenn Sie sich zunächst auf Ihre Atmung konzentrieren. Diese beiden Tipps klingen vielleicht banal, dennoch können sie Ihnen helfen in Situationen, die bei Ihnen Nervosität auslösen, ruhig zu bleiben.

Andere Methoden helfen Ihnen hingegen langfristig, selbstbewusster zu werden. So kann es helfen, wenn Sie sich aktiv Zeit dafür nehmen, sich um sich selbst zu kümmern. Wichtig ist hierbei, dass Sie sich wirklich nur um sich kümmern. Nehmen Sie sich Zeit für Ihr Hobby oder suchen Sie sich einen Tag in der Woche, an dem Sie sich einfach entspannen. Machen Sie sich einen Wellnesstag, lesen Sie ein schönes Buch, gehen Sie spazieren oder in das Schwimmbad. Beim Selbstbewusstsein geht es auch um das Selbstwertgefühl. Nehmen Sie sich daher Zeit, sich um sich selbst zu kümmern und Ihr Selbstwertgefühl zu stärken. Dies funktioniert auch sehr gut im Fitnessstudio oder bei einem Home-Work-out. Regelmäßiger Sport macht nicht nur glücklicher, er hilft auch, Ihr Selbstbewusstsein zu steigern und sorgt dafür, dass Sie sich wohler in Ihrem Körper fühlen. Der Sport soll dabei in erster Linie dazu dienen, dass Sie sich stark fühlen und den Kopf abschalten können und nicht dazu, dass Sie etwas abnehmen. Es geht beim Selbstbewusstsein auch darum, seinen Körper zu akzeptieren – ohne Einschränkungen. Falls Sie allerdings gern einige Pfunde verlieren würden, ist dies natürlich auch eine gute Möglichkeit, um Selbstbewusstsein zu erlangen. Wichtig bei diesem Schritt ist, dass Sie sich in Ihrem Körper wohlfühlen und Ihren eigenen Wert erkennen. Ob das durch Sport, durch einen Wellnesstag oder möglicherweise auch neue Kleidung passiert, ist dabei von Person zu Person unterschiedlich. Probieren Sie daher einige Dinge aus, um die beste Methode für sich zu finden.

Freunde stärken das Selbstbewusstsein

Soziale Interaktionen sind ein wichtiges Grundbedürfnis von Menschen. Wir sehnen uns danach, jemandem von unseren Erlebnissen zu erzählen und sind gern mit geliebten Menschen zusammen. Dabei ist es von Person zu Person unterschiedlich, wie viele Personen Sie gern um sich haben. Manche Menschen bevorzugen es, zwei oder drei Freunde zu haben und möchte diese gern sehr genau kennenlernen. Andere Menschen bevorzugen es, sich in großen Gruppen aufzuhalten. Dennoch sind die meisten Menschen selbstbewusster, wenn sie Vertraute in ihrer Nähe haben. Diesen Effekt können auch Sie für Ihre Vorteile nutzen. Wichtig hierfür ist, dass Sie diese Freunde und Kontakte offline machen. Lassen Sie daher bewusst Ihr Handy in der Tasche, wenn Sie sich mit anderen treffen und zeigen Sie wahres Interesse an Ihrem Gegenüber.

Verlassen Sie Ihre Komfortzone

Auch der mutigste Adrenalinjunkie hat Ängste wie jeder andere. Um selbstbewusster zu werden, ist es wichtig, Ihre Komfortzone zu verlassen. Überwinden Sie Ihre Ängste. Von vielen Menschen wird beispielsweise die Angst vor der Höhe und vor dem Fallen geteilt. Diese Angst können Sie in einem Kletterpark, bei einer Wanderung in den Bergen oder auf einer Aussichtsplattform bezwingen. Seine Ängste zu überwinden, ist ein sehr schwieriger Weg, der sich allerdings sehr lohnt. Sie fühlen sich dadurch stärker und Ihr Selbstbewusstsein wird in die Höhe steigen. Wichtig ist hier, dass Sie Ihre Komfortzone in kleinen Schritten verlassen und geduldig sind. Es ist schwer, seine Ängste zu bezwingen. Seien Sie daher auch stolz auf sich, auch, wenn es nicht direkt funktionieren sollte. Es ist unwichtig, ob es nach dem 3. Versuch funktioniert oder nach dem 10. Mal. Es ist in jedem Fall eine große Errungenschaft.

Sie müssen nicht perfekt sein

Selbstbewusst zu werden, bedeutet nicht, perfekt zu werden, sondern Ihre Macken und Fehler zu akzeptieren und zu lieben und Probleme direkt anzugehen. Versuchen Sie daher, auf Ihre Stärken zu achten und nicht nur auf Ihre Schwächen. Lernen Sie, positiv zu denken und bleiben Sie optimistisch. Niemand ist perfekt, dennoch haben Sie die Möglichkeit, sich zu ändern und Macken, die Sie stören, loszuwerden.

POSITIVES DENKEN

Was ist positives Denken und was bringt es Ihnen?

Positives Denken bedeutet, das sprichwörtliche „halb volle Glas" und bringt viele Vorteile mit sich. Die psychosomatischen Vorteile einer glücklichen, gesunden Psyche sind bei dem Thema Stress und Depressionen deutlich geworden. Das sind jedoch nicht die einzigen Vorteile. Wenn Sie positives Denken trainieren, steigt auch Ihr Selbstbewusstsein und Sie lernen an sich und Ihre Erfolge zu glauben.

Auch im Berufsleben hilft es Ihnen, positiv zu denken, da Sie offener für Möglichkeiten werden und dadurch auch optimistischer. Dieser Optimismus ist ein wichtiger Bestandteil des Berufslebens und macht zusätzlich glücklich. Der wichtigste Grund, warum Sie positives Denken trainieren sollten, ist allerdings, dass Sie durch positives Denken handlungsfähig bleiben, aufstehen und weitermachen können. In den sozialen Netzwerken und Nachrichten sind Horrornachrichten allgegenwärtig. Diese Negativität wirkt sich negativ auf die Psyche aus und steht Ihrem Glück im Wege. Beachten Sie dennoch, dass positives Denken nicht bedeutet, schlimme Ereignisse zu leugnen und auszublenden.

Wie können Sie positives Denken üben?

Es gibt viele Methoden, um positives Denken zu trainieren. Im Folgenden werden Ihnen sechs dieser Methoden vorgestellt.

1. Macht der Gedanken

Um positiv zu denken, müssen Sie negative Gedanken zeitweise aus Ihren Gedanken verbannen. Nur so können Sie Situationen objektiv betrachten und das Positive sehen. Machen Sie sich bewusst, dass Sie die Kontrolle über Ihre Gedanken haben und nicht die Gedanken die Kontrolle über Sie. Konzentrieren Sie sich daher temporär auch auf andere Dinge. Diese Ablenkung hilft Ihnen, einen klaren Kopf zu bewahren und nicht von negativen Gefühlen überwältigt zu werden.

Negative Gedanken helfen Ihnen nicht und ändern nichts an der Situation. Versuchen Sie daher, die Kontrolle zu bewahren und aktiv Gedanken für eine gewisse Zeit zu verdrängen.

2. Lächeln Sie

„Lachen ist gesund." Dieser Satz wird uns schon seit der Kindheit gesagt und enthält einen sehr guten und richtigen Ansatz. Beim Lachen werden Endorphine freigesetzt. Das sind Hormone, die als natürliches

Schmerzmittel von dem menschlichen Körper produziert werden. Bekannt sind Endorphine besonders als Auslöser des „Runner's High", wo Läufer, die lange Strecken laufen, irgendwann keine Schmerzen mehr in den Beinen spüren. Der Schmerz stoppt, dadurch dass Endorphine ausgeschüttet werden, welche die Schmerzweiterleitung und das Stresshormon Adrenalin blockieren. Aus diesem Grund kann lächeln tatsächlich gesund sein und positives Denken fördern.

3. Suchen Sie das Positive

Viele Menschen haben von Natur aus eine eher pessimistische Einstellung, wodurch es ihnen oft schwerfällt, das Positive zu sehen. Wenn Sie Ihren Job verlieren, wirkt das im ersten Moment als etwas Schlechtes. Die Probleme, die der Verlust des Jobs mit sich bringt, wirken überwältigend, dabei besonders die Geldsorgen. Dennoch können Sie in dieser Situation das Gute suchen. Vielleicht hat Ihnen der Job nicht gefallen oder Sie hatten schon eine Weile lang Probleme mit Ihrem Arbeitgeber.

Vielleicht gibt Ihnen diese Kündigung die Möglichkeit, eine beruflich komplett andere Richtung einzuschlagen, die Sie sich schon seit Monaten wünschen.

Es gibt noch viele andere Möglichkeiten, eine

Kündigung positiv zu sehen, auch, wenn die Situation sehr schwierig und vielleicht auch niederschmetternd ist. Positives Denken hilft Ihnen, Möglichkeiten zu sehen und weiterzumachen, ohne dabei das Negative zu verleugnen.

Sehen Sie schwierige Situationen daher als Chance und Lernfaktor an. Das Zitat „Der Schmerz, den Sie heute spüren, ist die Stärke von morgen", verdeutlicht das auf eine sehr schöne Art und Weise.

Dass diese Denkweise bei großen Katastrophen nicht angebracht ist, ist selbstverständlich, dennoch hat positives Denken einen sehr großen Wert im Alltag.

4. Führen Sie ein Dankbarkeitstagebuch

Wenn wir positive Dinge nennen sollen, die in der letzten Zeit passiert sind, fällt es oft schwer, viele Dinge zu nennen. Es fällt uns allerdings nicht schwer, weil nichts oder zu wenig Gutes passiert, sondern weil unser Fokus auf dem Negativem liegt. Aus diesem Grund ist ein Dankbarkeitstagebuch nützlich. In dieses Buch schreiben Sie abends drei positive Dinge auf, die an dem Tag passiert oder wofür Sie dankbar sind. Das können Kleinigkeiten sein, wie ein guter Witz, den Sie gehört haben oder ein leckeres Essen oder auch etwas

Größeres, wie ein neues Hobby, das Ihnen Spaß macht oder eine gute Nachricht. Dabei ist es unwichtig, ob sich vielleicht ein Punkt wiederholt. In schwierigen Zeiten können Sie sich dann das Buch nehmen und noch einmal lesen, wofür Sie dankbar waren und was alles an guten Dingen passiert ist. Dies hilft Ihnen, positiver zu denken.

5. Dosieren der Nachrichten

Ein wesentlicher Grund, warum es uns oft einfacher fällt, das Schlechte zu sehen, ist, dass die Nachrichten vorwiegend über schlechte Meldungen wie vermisste Personen, Probleme in Wirtschaft und Industrie und Straftaten informieren. Diese „Katastrophenmeldungen" im Fernsehen und Radio erwecken den Eindruck, es würde nur noch schlechte Dinge auf der Welt geben. Dieser Eindruck wird durch die Negativität in den sozialen Medien noch bestätigt. Auf jeder Plattform wird durch „Body Shaming", negative und beleidigende Kommentare und diskriminierende Meinungen Negativität verbreitet.

Deswegen ist es wichtig, dass Sie sich temporär von diesen „Katastrophenmeldungen" distanzieren und an positivere Dinge denken. Legen Sie dazu das Handy oder die Zeitung eine Weile lang zur Seite. So haben Sie eine temporäre Pause von der Negativität.

6. Schaffen eines gesunden Umfelds

Das Umfeld prägt die eigene Persönlichkeit. Dies wurde schon beim Thema Persönlichkeitsentwicklung deutlich.

Aber auch Ihre mentale Verfassung und Denkweisen können von Ihrem Umfeld beeinflusst werden. Hier spielen vor allem die fünf Personen eine Rolle, mit denen Sie die meiste Zeit verbringen. Sie stellen oft eine Mischung dieser fünf Personen dar. Das bedeutet, dass Sie vermutlich pessimistisch sind, wenn Sie sich mit pessimistischen Menschen umgeben. Fragen Sie sich daher, ob in Ihrem Umfeld die Optimisten oder die Pessimisten überwiegen und versuchen Sie, sich mit glücklichen und lebensfrohen Menschen zu umgeben. Dann werden Sie auch selbst glücklicher.

Ich hoffe, Ihnen ist im Laufe dieses Ratgebers deutlich geworden, dass es mit den richtigen Tipps und Methoden möglich ist, Ihre Persönlichkeit zu ändern und eine gesunde und positive Psyche zu schaffen. Dies mag viel Arbeit und Geduld erfordern, dennoch haben Sie die nötige Stärke dafür und nun auch die Mittel. Eine gesunde Psyche ist wichtig für einen gesunden Körper und für ein glückliches Leben. Lassen Sie sich daher nicht von Schwierigkeiten aufhalten.

Viel Erfolg auf Ihrem weiteren Weg!

Herstellung und Verlag:

BoD – Books on Demand, Norderstedt

ISBN: 9783753481876

1. Auflage

Kontakt: Psiana eCom UG/ Berumer Str. 44/ 26844 Jemgum

Covergestaltung: Fenna Larsson

Coverfoto: depositphotos.com